Important dates calendar

January

February

March

April

May

June

July

August

September

October

November

December

Yearly Summary- Incoming Money

Sunday	1	2	3	4	5	Total
January						
Envelopes						
Loose plate						
Building fund						
February						
Envelopes						
Loose plate						
Building fund						
March						
Envelopes						
Loose plate						
Building fund						
April						
Envelopes						
Loose plate						
Building fund						
May						
Envelopes						
Loose plate						
Building fund						
June						
Envelopes						
Loose plate						
Building fund						

Sunday	1	2	3	4	5	Total
July						
Envelopes						
Loose plate						
Building fund						
August						
Envelopes						
Loose plate						
Building fund						
September						
Envelopes						
Loose plate						
Building fund						
October						
Envelopes						
Loose plate						
Building fund						
November						
Envelopes						
Loose plate						
Building fund						
December						
Envelopes						
Loose plate						
Building fund						

Contributions

Name_____

Address_____

Envelope number_____

Contact_____

	Date	Regular	Special	Building fund
January				
February				
March				
April				
May				
June				
July				
August				
September				
October				
November				
December				

Total

Contributions

Name

Address

Envelope number

Contact

	Date	Regular	Special	Building fund
January				
February				
March				
April				
May				
June				
July				
August				
September				
October				
November				
December				

Total

Contributions

Name _____

Address _____

Envelope number _____

Contact _____

	Date	Regular	Special	Building fund
January				
February				
March				
April				
May				
June				
July				
August				
September				
October				
November				
December				

_____

_____   Total

_____

Contributions

Name_____

Address_____

Envelope number_____

Contact_____

	Date	Regular	Special	Building fund
January				
February				
March				
April				
May				
June				
July				
August				
September				
October				
November				
December				

_____

Total

Contributions

Name_____

Address_____

Envelope number_____

Contact_____

	Date	Regular	Special	Building fund
January				
February				
March				
April				
May				
June				
July				
August				
September				
October				
November				
December				

_____

_____   Total

_____

Contributions

Name_____

Address_____

Envelope number_____

Contact_____

	Date	Regular	Special	Building fund
January				
February				
March				
April				
May				
June				
July				
August				
September				
October				
November				
December				

_____

_____

_____

Total

Contributions

Name_____

Address_____

Envelope number_____

Contact_____

	Date	Regular	Special	Building fund
January				
February				
March				
April				
May				
June				
July				
August				
September				
October				
November				
December				

Total

Contributions

Name _____

Address _____

Envelope number _____

Contact _____

	Date	Regular	Special	Building fund
January				
February				
March				
April				
May				
June				
July				
August				
September				
October				
November				
December				

Total

Contributions

Name_____

Address_____

Envelope number_____

Contact_____

	Date	Regular	Special	Building fund
January				
February				
March				
April				
May				
June				
July				
August				
September				
October				
November				
December				

Total

Expenses

Name_____

Address_____

Envelope number_____

Contact_____

	Date	Regular	Special	Building fund
January				
February				
March				
April				
May				
June				
July				
August				
September				
October				
November				
December				

_____

_____   Total

Contributions

Name _____

Address _____

Envelope number _____

Contact _____

	Date	Regular	Special	Building fund
January				
February				
March				
April				
May				
June				
July				
August				
September				
October				
November				
December				

Total

Contributions

Name

Address

Envelope number

Contact

	Date	Regular	Special	Building fund
January				
February				
March				
April				
May				
June				
July				
August				
September				
October				
November				
December				

Total

Contributions

Name_____

Address_____

Envelope number_____

Contact_____

	Date	Regular	Special	Building fund
January				
February				
March				
April				
May				
June				
July				
August				
September				
October				
November				
December				

_____

_____

_____

Total

Contributions

Name _____

Address _____

Envelope number _____

Contact _____

	Date	Regular	Special	Building fund
January				
February				
March				
April				
May				
June				
July				
August				
September				
October				
November				
December				

Total

Contributions

Name

Address

Envelope number

Contact

	Date	Regular	Special	Building fund
January				
February				
March				
April				
May				
June				
July				
August				
September				
October				
November				
December				

Total

Contributions

Name_____

Address_____

Envelope number_____

Contact_____

	Date	Regular	Special	Building fund
January				
February				
March				
April				
May				
June				
July				
August				
September				
October				
November				
December				

_____

_____

Total

Contributions

Name_____

Address_____

Envelope number_____

Contact_____

	Date	Regular	Special	Building fund
January				
February				
March				
April				
May				
June				
July				
August				
September				
October				
November				
December				

_____

_____ | Total

_____

Contributions

Name_____

Address_____

Envelope number_____

Contact_____

	Date	Regular	Special	Building fund
January				
February				
March				
April				
May				
June				
July				
August				
September				
October				
November				
December				

_____

Total

Contributions

Name _____

Address _____

Envelope number _____

Contact _____

	Date	Regular	Special	Building fund
January				
February				
March				
April				
May				
June				
July				
August				
September				
October				
November				
December				

_____

_____

_____

Total

Contributions

Name_____

Address_____

Envelope number_____

Contact_____

	Date	Regular	Special	Building fund
January				
February				
March				
April				
May				
June				
July				
August				
September				
October				
November				
December				

Total

Contributions

Name

Address

Envelope number

Contact

	Date	Regular	Special	Building fund
January				
February				
March				
April				
May				
June				
July				
August				
September				
October				
November				
December				

Total

Contributions

Name_____

Address_____

Envelope number_____

Contact_____

	Date	Regular	Special	Building fund
January				
February				
March				
April				
May				
June				
July				
August				
September				
October				
November				
December				

_____

_____

_____

Total

Contributions

Name _____

Address _____

Envelope number _____

Contact _____

	Date	Regular	Special	Building fund
January				
February				
March				
April				
May				
June				
July				
August				
September				
October				
November				
December				

Total

Contributions

Name
Address
Envelope number
Contact

	Date	Regular	Special	Building fund
January				
February				
March				
April				
May				
June				
July				
August				
September				
October				
November				
December				

Total

Contributions

Name_____

Address_____

Envelope number_____

Contact_____

	Date	Regular	Special	Building fund
January				
February				
March				
April				
May				
June				
July				
August				
September				
October				
November				
December				

Total

Contributions

Name_____

Address_____

Envelope number_____

Contact_____

	Date	Regular	Special	Building fund
January				
February				
March				
April				
May				
June				
July				
August				
September				
October				
November				
December				

_____

_____

Total

Contributions

Name _____

Address _____

Envelope number _____

Contact _____

	Date	Regular	Special	Building fund
January				
February				
March				
April				
May				
June				
July				
August				
September				
October				
November				
December				

_____

_____

_____

Total

Contributions

Name_____

Address_____

Envelope number_____

Contact_____

	Date	Regular	Special	Building fund
January				
February				
March				
April				
May				
June				
July				
August				
September				
October				
November				
December				

Total

Contributions

Name_____

Address_____

Envelope number_____

Contact_____

	Date	Regular	Special	Building fund
January				
February				
March				
April				
May				
June				
July				
August				
September				
October				
November				
December				

_____

_____

_____

Total

Contributions

Name_____

Address_____

Envelope number_____

Contact_____

	Date	Regular	Special	Building fund
January				
February				
March				
April				
May				
June				
July				
August				
September				
October				
November				
December				

_____

Total

Contributions

Name_____

Address_____

Envelope number_____

Contact_____

	Date	Regular	Special	Building fund
January				
February				
March				
April				
May				
June				
July				
August				
September				
October				
November				
December				

Total

Contributions

Name_____

Address_____

Envelope number_____

Contact_____

	Date	Regular	Special	Building fund
January				
February				
March				
April				
May				
June				
July				
August				
September				
October				
November				
December				

Total

Contributions

Name_____

Address_____

Envelope number_____

Contact_____

	Date	Regular	Special	Building fund
January				
February				
March				
April				
May				
June				
July				
August				
September				
October				
November				
December				

Total

Contributions

Name_____

Address_____

Envelope number_____

Contact_____

	Date	Regular	Special	Building fund
January				
February				
March				
April				
May				
June				
July				
August				
September				
October				
November				
December				

_____

_____   Total

Contributions

Name
Address
Envelope number
Contact

	Date	Regular	Special	Building fund
January				
February				
March				
April				
May				
June				
July				
August				
September				
October				
November				
December				

Total

Contributions

Name_____

Address_____

Envelope number_____

Contact_____

	Date	Regular	Special	Building fund
January				
February				
March				
April				
May				
June				
July				
August				
September				
October				
November				
December				

Total

Contributions

Name_____

Address_____

Envelope number_____

Contact_____

	Date	Regular	Special	Building fund
January				
February				
March				
April				
May				
June				
July				
August				
September				
October				
November				
December				

_____

_____

_____

Total

Contributions

Name

Address

Envelope number

Contact

	Date	Regular	Special	Building fund
January				
February				
March				
April				
May				
June				
July				
August				
September				
October				
November				
December				

Total

Contributions

Name_____

Address_____

Envelope number_____

Contact_____

	Date	Regular	Special	Building fund
January				
February				
March				
April				
May				
June				
July				
August				
September				
October				
November				
December				

_____

_____   Total

_____

Contributions

Name _____

Address _____

Envelope number _____

Contact _____

	Date	Regular	Special	Building fund
January				
February				
March				
April				
May				
June				
July				
August				
September				
October				
November				
December				

_____

_____

Total

Contributions

Name

Address

Envelope number

Contact

	Date	Regular	Special	Building fund
January				
February				
March				
April				
May				
June				
July				
August				
September				
October				
November				
December				

Total

Contributions

Name_____

Address_____

Envelope number_____

Contact_____

	Date	Regular	Special	Building fund
January				
February				
March				
April				
May				
June				
July				
August				
September				
October				
November				
December				

Total

Contributions

Name_____

Address_____

Envelope number_____

Contact_____

	Date	Regular	Special	Building fund
January				
February				
March				
April				
May				
June				
July				
August				
September				
October				
November				
December				

Total

Contributions

Name_____

Address_____

Envelope number_____

Contact_____

	Date	Regular	Special	Building fund
January				
February				
March				
April				
May				
June				
July				
August				
September				
October				
November				
December				

Total

Contributions

Name

Address

Envelope number

Contact

	Date	Regular	Special	Building fund
January				
February				
March				
April				
May				
June				
July				
August				
September				
October				
November				
December				

Total

Contributions

Name

Address

Envelope number

Contact

	Date	Regular	Special	Building fund
January				
February				
March				
April				
May				
June				
July				
August				
September				
October				
November				
December				

Total

Contributions

Name _____

Address _____

Envelope number _____

Contact _____

	Date	Regular	Special	Building fund
January				
February				
March				
April				
May				
June				
July				
August				
September				
October				
November				
December				

Total

Contributions

Name_____

Address_____

Envelope number_____

Contact_____

	Date	Regular	Special	Building fund
January				
February				
March				
April				
May				
June				
July				
August				
September				
October				
November				
December				

_____

_____   Total

Contributions

Name_____

Address_____

Envelope number_____

Contact_____

	Date	Regular	Special	Building fund
January				
February				
March				
April				
May				
June				
July				
August				
September				
October				
November				
December				

_____

_____

Total

Contributions

Name _____

Address _____

Envelope number _____

Contact _____

	Date	Regular	Special	Building fund
January				
February				
March				
April				
May				
June				
July				
August				
September				
October				
November				
December				

Total

Contributions

Name_____

Address_____

Envelope number_____

Contact_____

	Date	Regular	Special	Building fund
January				
February				
March				
April				
May				
June				
July				
August				
September				
October				
November				
December				

_____

_____   Total

_____

Contributions

Name _____

Address _____

Envelope number _____

Contact _____

	Date	Regular	Special	Building fund
January				
February				
March				
April				
May				
June				
July				
August				
September				
October				
November				
December				

Total

Expenses

Date	Amount	To whom	Comments

Expenses

Date	Amount	To whom	Comments

Expenses

Date	Amount	To whom	Comments

Membership

Date	Number of old members	New members	Members that left	Total number of members

Membership

Date	Number of old members	New members	Members that left	Total number of members

Membership

Date	Number of old members	New members	Members that left	Total number of members

Membership

Date	Number of old members	New members	Members that left	Total number of members

Membership

Date	Number of old members	New members	Members that left	Total number of members

A Membership

Name_____
Address_____
Contact_____
Membership date_____ Marital status _____ Wedding anniversary_____
Notes_____

_____

Name_____
Address_____
Contact_____
Membership date_____ Marital status _____ Wedding anniversary_____
Notes_____

_____

Name_____
Address_____
Contact_____
Membership date_____ Marital status _____ Wedding anniversary_____
Notes_____

_____

Name_____
Address_____
Contact_____
Membership date_____ Marital status _____ Wedding anniversary_____
Notes_____

_____

Name_____
Address_____
Contact_____
Membership date_____ Marital status _____ Wedding anniversary_____
Notes_____

_____

Name_____
Address_____
Contact_____
Membership date_____ Marital status _____ Wedding anniversary_____
Notes_____

Membership

Name

Address

Contact

Membership date   Marital status   Wedding anniversary

Notes

Name

Address

Contact

Membership date   Marital status   Wedding anniversary

Notes

Name

Address

Contact

Membership date   Marital status   Wedding anniversary

Notes

Name

Address

Contact

Membership date   Marital status   Wedding anniversary

Notes

Name

Address

Contact

Membership date   Marital status   Wedding anniversary

Notes

Name

Address

Contact

Membership date   Marital status   Wedding anniversary

Notes

Membership

Name_____

Address_____

Contact_____

Membership date_____ Marital status _____ Wedding anniversary_____

Notes_____

Name_____

Address_____

Contact_____

Membership date_____ Marital status _____ Wedding anniversary_____

Notes_____

Name_____

Address_____

Contact_____

Membership date_____ Marital status _____ Wedding anniversary_____

Notes_____

Name_____

Address_____

Contact_____

Membership date_____ Marital status _____ Wedding anniversary_____

Notes_____

Name_____

Address_____

Contact_____

Membership date_____ Marital status _____ Wedding anniversary_____

Notes_____

Name_____

Address_____

Contact_____

Membership date_____ Marital status _____ Wedding anniversary_____

Notes_____

Membership

Name_____

Address_____

Contact_____

Membership date_____ Marital status_____ Wedding anniversary_____

Notes_____

_____

Name_____

Address_____

Contact_____

Membership date_____ Marital status_____ Wedding anniversary_____

Notes_____

_____

Name_____

Address_____

Contact_____

Membership date_____ Marital status_____ Wedding anniversary_____

Notes_____

_____

Name_____

Address_____

Contact_____

Membership date_____ Marital status_____ Wedding anniversary_____

Notes_____

_____

Name_____

Address_____

Contact_____

Membership date_____ Marital status_____ Wedding anniversary_____

Notes_____

_____

Name_____

Address_____

Contact_____

Membership date_____ Marital status_____ Wedding anniversary_____

Notes_____

Membership

Name_____

Address_____

Contact_____

Membership date_____ Marital status _____ Wedding anniversary_____

Notes_____

―――――――――――――――――――

Name_____

Address_____

Contact_____

Membership date_____ Marital status _____ Wedding anniversary_____

Notes_____

―――――――――――――――――――

Name_____

Address_____

Contact_____

Membership date_____ Marital status _____ Wedding anniversary_____

Notes_____

―――――――――――――――――――

Name_____

Address_____

Contact_____

Membership date_____ Marital status _____ Wedding anniversary_____

Notes_____

―――――――――――――――――――

Name_____

Address_____

Contact_____

Membership date_____ Marital status _____ Wedding anniversary_____

Notes_____

―――――――――――――――――――

Name_____

Address_____

Contact_____

Membership date_____ Marital status _____ Wedding anniversary_____

Notes_____

Membership

C

Name _____
Address _____
Contact _____
Membership date _____ Marital status _____ Wedding anniversary _____
Notes _____

———————————————————

Name _____
Address _____
Contact _____
Membership date _____ Marital status _____ Wedding anniversary _____
Notes _____

———————————————————

Name _____
Address _____
Contact _____
Membership date _____ Marital status _____ Wedding anniversary _____
Notes _____

———————————————————

Name _____
Address _____
Contact _____
Membership date _____ Marital status _____ Wedding anniversary _____
Notes _____

———————————————————

Name _____
Address _____
Contact _____
Membership date _____ Marital status _____ Wedding anniversary _____
Notes _____

———————————————————

Name _____
Address _____
Contact _____
Membership date _____ Marital status _____ Wedding anniversary _____
Notes _____

| D | Membership |

Name_____

Address_____

Contact_____

Membership date_____ Marital status_____ Wedding anniversary_____

Notes_____

_____

Name_____

Address_____

Contact_____

Membership date_____ Marital status_____ Wedding anniversary_____

Notes_____

_____

Name_____

Address_____

Contact_____

Membership date_____ Marital status_____ Wedding anniversary_____

Notes_____

_____

Name_____

Address_____

Contact_____

Membership date_____ Marital status_____ Wedding anniversary_____

Notes_____

_____

Name_____

Address_____

Contact_____

Membership date_____ Marital status_____ Wedding anniversary_____

Notes_____

_____

Name_____

Address_____

Contact_____

Membership date_____ Marital status_____ Wedding anniversary_____

Notes_____

Membership

Name

Address

Contact

Membership date_____ Marital status _____ Wedding anniversary_____

Notes

_____

Name

Address

Contact

Membership date_____ Marital status _____ Wedding anniversary_____

Notes

_____

Name

Address

Contact

Membership date_____ Marital status _____ Wedding anniversary_____

Notes

_____

Name

Address

Contact

Membership date_____ Marital status _____ Wedding anniversary_____

Notes

_____

Name

Address

Contact

Membership date_____ Marital status _____ Wedding anniversary_____

Notes

_____

Name

Address

Contact

Membership date_____ Marital status _____ Wedding anniversary_____

Notes

Membership

E

Name_____

Address_____

Contact_____

Membership date_____ Marital status _____ Wedding anniversary_____

Notes_____

_____

Name_____

Address_____

Contact_____

Membership date_____ Marital status _____ Wedding anniversary_____

Notes_____

_____

Name_____

Address_____

Contact_____

Membership date_____ Marital status _____ Wedding anniversary_____

Notes_____

_____

Name_____

Address_____

Contact_____

Membership date_____ Marital status _____ Wedding anniversary_____

Notes_____

_____

Name_____

Address_____

Contact_____

Membership date_____ Marital status _____ Wedding anniversary_____

Notes_____

_____

Name_____

Address_____

Contact_____

Membership date_____ Marital status _____ Wedding anniversary_____

Notes_____

Membership

Name _____

Address _____

Contact _____

Membership date _____ Marital status _____ Wedding anniversary _____

Notes _____

_____

Name _____

Address _____

Contact _____

Membership date _____ Marital status _____ Wedding anniversary _____

Notes _____

_____

Name _____

Address _____

Contact _____

Membership date _____ Marital status _____ Wedding anniversary _____

Notes _____

_____

Name _____

Address _____

Contact _____

Membership date _____ Marital status _____ Wedding anniversary _____

Notes _____

_____

Name _____

Address _____

Contact _____

Membership date _____ Marital status _____ Wedding anniversary _____

Notes _____

_____

Name _____

Address _____

Contact _____

Membership date _____ Marital status _____ Wedding anniversary _____

Notes _____

Membership

Name_____
Address_____
Contact_____
Membership date_____ Marital status_____ Wedding anniversary_____
Notes_____

_____

Name_____
Address_____
Contact_____
Membership date_____ Marital status_____ Wedding anniversary_____
Notes_____

_____

Name_____
Address_____
Contact_____
Membership date_____ Marital status_____ Wedding anniversary_____
Notes_____

_____

Name_____
Address_____
Contact_____
Membership date_____ Marital status_____ Wedding anniversary_____
Notes_____

_____

Name_____
Address_____
Contact_____
Membership date_____ Marital status_____ Wedding anniversary_____
Notes_____

_____

Name_____
Address_____
Contact_____
Membership date_____ Marital status_____ Wedding anniversary_____
Notes_____

Membership

Name_____
Address_____
Contact_____
Membership date_____ Marital status _____ Wedding anniversary_____
Notes_____

Name_____
Address_____
Contact_____
Membership date_____ Marital status _____ Wedding anniversary_____
Notes_____

Name_____
Address_____
Contact_____
Membership date_____ Marital status _____ Wedding anniversary_____
Notes_____

Name_____
Address_____
Contact_____
Membership date_____ Marital status _____ Wedding anniversary_____
Notes_____

Name_____
Address_____
Contact_____
Membership date_____ Marital status _____ Wedding anniversary_____
Notes_____

Name_____
Address_____
Contact_____
Membership date_____ Marital status _____ Wedding anniversary_____
Notes_____

G

Membership

Name_____
Address_____
Contact_____
Membership date_____ Marital status _____ Wedding anniversary_____
Notes_____

_____

Name_____
Address_____
Contact_____
Membership date_____ Marital status _____ Wedding anniversary_____
Notes_____

_____

Name_____
Address_____
Contact_____
Membership date_____ Marital status _____ Wedding anniversary_____
Notes_____

_____

Name_____
Address_____
Contact_____
Membership date_____ Marital status _____ Wedding anniversary_____
Notes_____

_____

Name_____
Address_____
Contact_____
Membership date_____ Marital status _____ Wedding anniversary_____
Notes_____

_____

Name_____
Address_____
Contact_____
Membership date_____ Marital status _____ Wedding anniversary_____
Notes_____

G

Name_____

Address_____

Contact_____

Membership date_____ Marital status _____ Wedding anniversary_____

Notes_____

———————————————————————

Name_____

Address_____

Contact_____

Membership date_____ Marital status _____ Wedding anniversary_____

Notes_____

———————————————————————

Name_____

Address_____

Contact_____

Membership date_____ Marital status _____ Wedding anniversary_____

Notes_____

———————————————————————

Name_____

Address_____

Contact_____

Membership date_____ Marital status _____ Wedding anniversary_____

Notes_____

———————————————————————

Name_____

Address_____

Contact_____

Membership date_____ Marital status _____ Wedding anniversary_____

Notes_____

———————————————————————

Name_____

Address_____

Contact_____

Membership date_____ Marital status _____ Wedding anniversary_____

Notes_____

Membership

H

Name _____
Address _____
Contact _____
Membership date _____ Marital status _____ Wedding anniversary _____
Notes _____

Name _____
Address _____
Contact _____
Membership date _____ Marital status _____ Wedding anniversary _____
Notes _____

Name _____
Address _____
Contact _____
Membership date _____ Marital status _____ Wedding anniversary _____
Notes _____

Name _____
Address _____
Contact _____
Membership date _____ Marital status _____ Wedding anniversary _____
Notes _____

Name _____
Address _____
Contact _____
Membership date _____ Marital status _____ Wedding anniversary _____
Notes _____

Name _____
Address _____
Contact _____
Membership date _____ Marital status _____ Wedding anniversary _____
Notes _____

Membership

Name_____

Address_____

Contact_____

Membership date_____ Marital status _____ Wedding anniversary_____

Notes_____

Name_____

Address_____

Contact_____

Membership date_____ Marital status _____ Wedding anniversary_____

Notes_____

Name_____

Address_____

Contact_____

Membership date_____ Marital status _____ Wedding anniversary_____

Notes_____

Name_____

Address_____

Contact_____

Membership date_____ Marital status _____ Wedding anniversary_____

Notes_____

Name_____

Address_____

Contact_____

Membership date_____ Marital status _____ Wedding anniversary_____

Notes_____

Name_____

Address_____

Contact_____

Membership date_____ Marital status _____ Wedding anniversary_____

Notes_____

Membership

Name_____
Address_____
Contact_____
Membership date_____ Marital status_____ Wedding anniversary_____
Notes_____

_____

Name_____
Address_____
Contact_____
Membership date_____ Marital status_____ Wedding anniversary_____
Notes_____

_____

Name_____
Address_____
Contact_____
Membership date_____ Marital status_____ Wedding anniversary_____
Notes_____

_____

Name_____
Address_____
Contact_____
Membership date_____ Marital status_____ Wedding anniversary_____
Notes_____

_____

Name_____
Address_____
Contact_____
Membership date_____ Marital status_____ Wedding anniversary_____
Notes_____

_____

Name_____
Address_____
Contact_____
Membership date_____ Marital status_____ Wedding anniversary_____
Notes_____

Membership

Name_____
Address_____
Contact_____
Membership date_____ Marital status _____ Wedding anniversary_____
Notes_____

_____

Name_____
Address_____
Contact_____
Membership date_____ Marital status _____ Wedding anniversary_____
Notes_____

_____

Name_____
Address_____
Contact_____
Membership date_____ Marital status _____ Wedding anniversary_____
Notes_____

_____

Name_____
Address_____
Contact_____
Membership date_____ Marital status _____ Wedding anniversary_____
Notes_____

_____

Name_____
Address_____
Contact_____
Membership date_____ Marital status _____ Wedding anniversary_____
Notes_____

_____

Name_____
Address_____
Contact_____
Membership date_____ Marital status _____ Wedding anniversary_____
Notes_____

Membership

J

Name_____
Address_____
Contact_____
Membership date_____ Marital status_____ Wedding anniversary_____
Notes_____

Name_____
Address_____
Contact_____
Membership date_____ Marital status_____ Wedding anniversary_____
Notes_____

Name_____
Address_____
Contact_____
Membership date_____ Marital status_____ Wedding anniversary_____
Notes_____

Name_____
Address_____
Contact_____
Membership date_____ Marital status_____ Wedding anniversary_____
Notes_____

Name_____
Address_____
Contact_____
Membership date_____ Marital status_____ Wedding anniversary_____
Notes_____

Name_____
Address_____
Contact_____
Membership date_____ Marital status_____ Wedding anniversary_____
Notes_____

Membership

Name_____

Address_____

Contact_____

Membership date_____ Marital status _____ Wedding anniversary_____

Notes_____

Name_____

Address_____

Contact_____

Membership date_____ Marital status _____ Wedding anniversary_____

Notes_____

Name_____

Address_____

Contact_____

Membership date_____ Marital status _____ Wedding anniversary_____

Notes_____

Name_____

Address_____

Contact_____

Membership date_____ Marital status _____ Wedding anniversary_____

Notes_____

Name_____

Address_____

Contact_____

Membership date_____ Marital status _____ Wedding anniversary_____

Notes_____

Name_____

Address_____

Contact_____

Membership date_____ Marital status _____ Wedding anniversary_____

Notes_____

Membership

K

Name_____
Address_____
Contact_____
Membership date_____ Marital status _____ Wedding anniversary_____
Notes_____

_____

Name_____
Address_____
Contact_____
Membership date_____ Marital status _____ Wedding anniversary_____
Notes_____

_____

Name_____
Address_____
Contact_____
Membership date_____ Marital status _____ Wedding anniversary_____
Notes_____

_____

Name_____
Address_____
Contact_____
Membership date_____ Marital status _____ Wedding anniversary_____
Notes_____

_____

Name_____
Address_____
Contact_____
Membership date_____ Marital status _____ Wedding anniversary_____
Notes_____

_____

Name_____
Address_____
Contact_____
Membership date_____ Marital status _____ Wedding anniversary_____
Notes_____

Membership

Name_____

Address_____

Contact_____

Membership date_____ Marital status _____ Wedding anniversary_____

Notes_____

_____

Name_____

Address_____

Contact_____

Membership date_____ Marital status _____ Wedding anniversary_____

Notes_____

_____

Name_____

Address_____

Contact_____

Membership date_____ Marital status _____ Wedding anniversary_____

Notes_____

_____

Name_____

Address_____

Contact_____

Membership date_____ Marital status _____ Wedding anniversary_____

Notes_____

_____

Name_____

Address_____

Contact_____

Membership date_____ Marital status _____ Wedding anniversary_____

Notes_____

_____

Name_____

Address_____

Contact_____

Membership date_____ Marital status _____ Wedding anniversary_____

Notes_____

Membership

Name_____
Address_____
Contact_____
Membership date_____ Marital status _____ Wedding anniversary_____
Notes_____

Name_____
Address_____
Contact_____
Membership date_____ Marital status _____ Wedding anniversary_____
Notes_____

Name_____
Address_____
Contact_____
Membership date_____ Marital status _____ Wedding anniversary_____
Notes_____

Name_____
Address_____
Contact_____
Membership date_____ Marital status _____ Wedding anniversary_____
Notes_____

Name_____
Address_____
Contact_____
Membership date_____ Marital status _____ Wedding anniversary_____
Notes_____

Name_____
Address_____
Contact_____
Membership date_____ Marital status _____ Wedding anniversary_____
Notes_____

Membership

L

Name_____
Address_____
Contact_____
Membership date_____ Marital status _____ Wedding anniversary_____
Notes_____

_____

Name_____
Address_____
Contact_____
Membership date_____ Marital status _____ Wedding anniversary_____
Notes_____

_____

Name_____
Address_____
Contact_____
Membership date_____ Marital status _____ Wedding anniversary_____
Notes_____

_____

Name_____
Address_____
Contact_____
Membership date_____ Marital status _____ Wedding anniversary_____
Notes_____

_____

Name_____
Address_____
Contact_____
Membership date_____ Marital status _____ Wedding anniversary_____
Notes_____

_____

Name_____
Address_____
Contact_____
Membership date_____ Marital status _____ Wedding anniversary_____
Notes_____

Membership

M

Name_____
Address_____
Contact_____
Membership date_____ Marital status _____ Wedding anniversary_____
Notes_____

_____

Name_____
Address_____
Contact_____
Membership date_____ Marital status _____ Wedding anniversary_____
Notes_____

_____

Name_____
Address_____
Contact_____
Membership date_____ Marital status _____ Wedding anniversary_____
Notes_____

_____

Name_____
Address_____
Contact_____
Membership date_____ Marital status _____ Wedding anniversary_____
Notes_____

_____

Name_____
Address_____
Contact_____
Membership date_____ Marital status _____ Wedding anniversary_____
Notes_____

_____

Name_____
Address_____
Contact_____
Membership date_____ Marital status _____ Wedding anniversary_____
Notes_____

Membership

Name_____
Address_____
Contact_____
Membership date_____ Marital status _____ Wedding anniversary_____
Notes_____

_____

Name_____
Address_____
Contact_____
Membership date_____ Marital status _____ Wedding anniversary_____
Notes_____

_____

Name_____
Address_____
Contact_____
Membership date_____ Marital status _____ Wedding anniversary_____
Notes_____

_____

Name_____
Address_____
Contact_____
Membership date_____ Marital status _____ Wedding anniversary_____
Notes_____

_____

Name_____
Address_____
Contact_____
Membership date_____ Marital status _____ Wedding anniversary_____
Notes_____

_____

Name_____
Address_____
Contact_____
Membership date_____ Marital status _____ Wedding anniversary_____
Notes_____

$\boxed{\text{N}}$ 　　　　　　　　Membership

Name_____
Address_____
Contact_____
Membership date_____ Marital status _____ Wedding anniversary_____
Notes_____

_____

Name_____
Address_____
Contact_____
Membership date_____ Marital status _____ Wedding anniversary_____
Notes_____

_____

Name_____
Address_____
Contact_____
Membership date_____ Marital status _____ Wedding anniversary_____
Notes_____

_____

Name_____
Address_____
Contact_____
Membership date_____ Marital status _____ Wedding anniversary_____
Notes_____

_____

Name_____
Address_____
Contact_____
Membership date_____ Marital status _____ Wedding anniversary_____
Notes_____

_____

Name_____
Address_____
Contact_____
Membership date_____ Marital status _____ Wedding anniversary_____
Notes_____

Membership

Name_____

Address_____

Contact_____

Membership date_____   Marital status _____   Wedding anniversary_____

Notes_____

Name_____

Address_____

Contact_____

Membership date_____   Marital status _____   Wedding anniversary_____

Notes_____

Name_____

Address_____

Contact_____

Membership date_____   Marital status _____   Wedding anniversary_____

Notes_____

Name_____

Address_____

Contact_____

Membership date_____   Marital status _____   Wedding anniversary_____

Notes_____

Name_____

Address_____

Contact_____

Membership date_____   Marital status _____   Wedding anniversary_____

Notes_____

Name_____

Address_____

Contact_____

Membership date_____   Marital status _____   Wedding anniversary_____

Notes_____

Membership

O

Name _____

Address _____

Contact _____

Membership date _____ Marital status _____ Wedding anniversary _____

Notes _____

_____

Name _____

Address _____

Contact _____

Membership date _____ Marital status _____ Wedding anniversary _____

Notes _____

_____

Name _____

Address _____

Contact _____

Membership date _____ Marital status _____ Wedding anniversary _____

Notes _____

_____

Name _____

Address _____

Contact _____

Membership date _____ Marital status _____ Wedding anniversary _____

Notes _____

_____

Name _____

Address _____

Contact _____

Membership date _____ Marital status _____ Wedding anniversary _____

Notes _____

_____

Name _____

Address _____

Contact _____

Membership date _____ Marital status _____ Wedding anniversary _____

Notes _____

Membership

O

Name_____
Address_____
Contact_____
Membership date_____   Marital status _____   Wedding anniversary_____
Notes_____

Name_____
Address_____
Contact_____
Membership date_____   Marital status _____   Wedding anniversary_____
Notes_____

Name_____
Address_____
Contact_____
Membership date_____   Marital status _____   Wedding anniversary_____
Notes_____

Name_____
Address_____
Contact_____
Membership date_____   Marital status _____   Wedding anniversary_____
Notes_____

Name_____
Address_____
Contact_____
Membership date_____   Marital status _____   Wedding anniversary_____
Notes_____

Name_____
Address_____
Contact_____
Membership date_____   Marital status _____   Wedding anniversary_____
Notes_____

| P |

Membership

Name _____

Address _____

Contact _____

Membership date _____ Marital status _____ Wedding anniversary _____

Notes _____

_____

Name _____

Address _____

Contact _____

Membership date _____ Marital status _____ Wedding anniversary _____

Notes _____

_____

Name _____

Address _____

Contact _____

Membership date _____ Marital status _____ Wedding anniversary _____

Notes _____

_____

Name _____

Address _____

Contact _____

Membership date _____ Marital status _____ Wedding anniversary _____

Notes _____

_____

Name _____

Address _____

Contact _____

Membership date _____ Marital status _____ Wedding anniversary _____

Notes _____

_____

Name _____

Address _____

Contact _____

Membership date _____ Marital status _____ Wedding anniversary _____

Notes _____

Membership

Name_____

Address_____

Contact_____

Membership date_____   Marital status _____   Wedding anniversary_____

Notes_____

Name_____

Address_____

Contact_____

Membership date_____   Marital status _____   Wedding anniversary_____

Notes_____

Name_____

Address_____

Contact_____

Membership date_____   Marital status _____   Wedding anniversary_____

Notes_____

Name_____

Address_____

Contact_____

Membership date_____   Marital status _____   Wedding anniversary_____

Notes_____

Name_____

Address_____

Contact_____

Membership date_____   Marital status _____   Wedding anniversary_____

Notes_____

Name_____

Address_____

Contact_____

Membership date_____   Marital status _____   Wedding anniversary_____

Notes_____

Membership

Name_____
Address_____
Contact_____
Membership date_____   Marital status_____   Wedding anniversary_____
Notes_____

———————————————————————————

Name_____
Address_____
Contact_____
Membership date_____   Marital status_____   Wedding anniversary_____
Notes_____

———————————————————————————

Name_____
Address_____
Contact_____
Membership date_____   Marital status_____   Wedding anniversary_____
Notes_____

———————————————————————————

Name_____
Address_____
Contact_____
Membership date_____   Marital status_____   Wedding anniversary_____
Notes_____

———————————————————————————

Name_____
Address_____
Contact_____
Membership date_____   Marital status_____   Wedding anniversary_____
Notes_____

———————————————————————————

Name_____
Address_____
Contact_____
Membership date_____   Marital status_____   Wedding anniversary_____
Notes_____

Membership

Name_____
Address_____
Contact_____
Membership date_____ Marital status _____ Wedding anniversary_____
Notes_____

———————————————————

Name_____
Address_____
Contact_____
Membership date_____ Marital status _____ Wedding anniversary_____
Notes_____

———————————————————

Name_____
Address_____
Contact_____
Membership date_____ Marital status _____ Wedding anniversary_____
Notes_____

———————————————————

Name_____
Address_____
Contact_____
Membership date_____ Marital status _____ Wedding anniversary_____
Notes_____

———————————————————

Name_____
Address_____
Contact_____
Membership date_____ Marital status _____ Wedding anniversary_____
Notes_____

———————————————————

Name_____
Address_____
Contact_____
Membership date_____ Marital status _____ Wedding anniversary_____
Notes_____

R Membership

Name_____
Address_____
Contact_____
Membership date_____   Marital status _____   Wedding anniversary_____
Notes_____

_____

Name_____
Address_____
Contact_____
Membership date_____   Marital status _____   Wedding anniversary_____
Notes_____

_____

Name_____
Address_____
Contact_____
Membership date_____   Marital status _____   Wedding anniversary_____
Notes_____

_____

Name_____
Address_____
Contact_____
Membership date_____   Marital status _____   Wedding anniversary_____
Notes_____

_____

Name_____
Address_____
Contact_____
Membership date_____   Marital status _____   Wedding anniversary_____
Notes_____

_____

Name_____
Address_____
Contact_____
Membership date_____   Marital status _____   Wedding anniversary_____
Notes_____

Membership

Name_____
Address_____
Contact_____
Membership date_____   Marital status _____   Wedding anniversary_____
Notes_____

Name_____
Address_____
Contact_____
Membership date_____   Marital status _____   Wedding anniversary_____
Notes_____

Name_____
Address_____
Contact_____
Membership date_____   Marital status _____   Wedding anniversary_____
Notes_____

Name_____
Address_____
Contact_____
Membership date_____   Marital status _____   Wedding anniversary_____
Notes_____

Name_____
Address_____
Contact_____
Membership date_____   Marital status _____   Wedding anniversary_____
Notes_____

Name_____
Address_____
Contact_____
Membership date_____   Marital status _____   Wedding anniversary_____
Notes_____

S

Membership

Name_____
Address_____
Contact_____
Membership date_____ Marital status_____ Wedding anniversary_____
Notes_____

_____

Name_____
Address_____
Contact_____
Membership date_____ Marital status_____ Wedding anniversary_____
Notes_____

_____

Name_____
Address_____
Contact_____
Membership date_____ Marital status_____ Wedding anniversary_____
Notes_____

_____

Name_____
Address_____
Contact_____
Membership date_____ Marital status_____ Wedding anniversary_____
Notes_____

_____

Name_____
Address_____
Contact_____
Membership date_____ Marital status_____ Wedding anniversary_____
Notes_____

_____

Name_____
Address_____
Contact_____
Membership date_____ Marital status_____ Wedding anniversary_____
Notes_____

Membership

Name_____

Address_____

Contact_____

Membership date_____ Marital status _____ Wedding anniversary_____

Notes_____

———————————————————

Name_____

Address_____

Contact_____

Membership date_____ Marital status _____ Wedding anniversary_____

Notes_____

———————————————————

Name_____

Address_____

Contact_____

Membership date_____ Marital status _____ Wedding anniversary_____

Notes_____

———————————————————

Name_____

Address_____

Contact_____

Membership date_____ Marital status _____ Wedding anniversary_____

Notes_____

———————————————————

Name_____

Address_____

Contact_____

Membership date_____ Marital status _____ Wedding anniversary_____

Notes_____

———————————————————

Name_____

Address_____

Contact_____

Membership date_____ Marital status _____ Wedding anniversary_____

Notes_____

Membership

T

Name_____
Address_____
Contact_____
Membership date_____ Marital status_____ Wedding anniversary_____
Notes_____

Name_____
Address_____
Contact_____
Membership date_____ Marital status_____ Wedding anniversary_____
Notes_____

Name_____
Address_____
Contact_____
Membership date_____ Marital status_____ Wedding anniversary_____
Notes_____

Name_____
Address_____
Contact_____
Membership date_____ Marital status_____ Wedding anniversary_____
Notes_____

Name_____
Address_____
Contact_____
Membership date_____ Marital status_____ Wedding anniversary_____
Notes_____

Name_____
Address_____
Contact_____
Membership date_____ Marital status_____ Wedding anniversary_____
Notes_____

Membership

Name_____
Address_____
Contact_____
Membership date_____ Marital status _____ Wedding anniversary_____
Notes_____

_____

Name_____
Address_____
Contact_____
Membership date_____ Marital status _____ Wedding anniversary_____
Notes_____

_____

Name_____
Address_____
Contact_____
Membership date_____ Marital status _____ Wedding anniversary_____
Notes_____

_____

Name_____
Address_____
Contact_____
Membership date_____ Marital status _____ Wedding anniversary_____
Notes_____

_____

Name_____
Address_____
Contact_____
Membership date_____ Marital status _____ Wedding anniversary_____
Notes_____

_____

Name_____
Address_____
Contact_____
Membership date_____ Marital status _____ Wedding anniversary_____
Notes_____

Membership

Name_____
Address_____
Contact_____
Membership date_____ Marital status _____ Wedding anniversary_____
Notes_____

_____

Name_____
Address_____
Contact_____
Membership date_____ Marital status _____ Wedding anniversary_____
Notes_____

_____

Name_____
Address_____
Contact_____
Membership date_____ Marital status _____ Wedding anniversary_____
Notes_____

_____

Name_____
Address_____
Contact_____
Membership date_____ Marital status _____ Wedding anniversary_____
Notes_____

_____

Name_____
Address_____
Contact_____
Membership date_____ Marital status _____ Wedding anniversary_____
Notes_____

_____

Name_____
Address_____
Contact_____
Membership date_____ Marital status _____ Wedding anniversary_____
Notes_____

Membership

U

Name_____
Address_____
Contact_____
Membership date_____ Marital status _____ Wedding anniversary_____
Notes_____

———————————————————————

Name_____
Address_____
Contact_____
Membership date_____ Marital status _____ Wedding anniversary_____
Notes_____

———————————————————————

Name_____
Address_____
Contact_____
Membership date_____ Marital status _____ Wedding anniversary_____
Notes_____

———————————————————————

Name_____
Address_____
Contact_____
Membership date_____ Marital status _____ Wedding anniversary_____
Notes_____

———————————————————————

Name_____
Address_____
Contact_____
Membership date_____ Marital status _____ Wedding anniversary_____
Notes_____

———————————————————————

Name_____
Address_____
Contact_____
Membership date_____ Marital status _____ Wedding anniversary_____
Notes_____

Membership

$\boxed{V}$

Name_____
Address_____
Contact_____
Membership date_____   Marital status _____   Wedding anniversary_____
Notes_____

Name_____
Address_____
Contact_____
Membership date_____   Marital status _____   Wedding anniversary_____
Notes_____

Name_____
Address_____
Contact_____
Membership date_____   Marital status _____   Wedding anniversary_____
Notes_____

Name_____
Address_____
Contact_____
Membership date_____   Marital status _____   Wedding anniversary_____
Notes_____

Name_____
Address_____
Contact_____
Membership date_____   Marital status _____   Wedding anniversary_____
Notes_____

Name_____
Address_____
Contact_____
Membership date_____   Marital status _____   Wedding anniversary_____
Notes_____

Membership

Name_____

Address_____

Contact_____

Membership date_____   Marital status _____   Wedding anniversary_____

Notes_____

───────────────────────────

Name_____

Address_____

Contact_____

Membership date_____   Marital status _____   Wedding anniversary_____

Notes_____

───────────────────────────

Name_____

Address_____

Contact_____

Membership date_____   Marital status _____   Wedding anniversary_____

Notes_____

───────────────────────────

Name_____

Address_____

Contact_____

Membership date_____   Marital status _____   Wedding anniversary_____

Notes_____

───────────────────────────

Name_____

Address_____

Contact_____

Membership date_____   Marital status _____   Wedding anniversary_____

Notes_____

───────────────────────────

Name_____

Address_____

Contact_____

Membership date_____   Marital status _____   Wedding anniversary_____

Notes_____

Membership

W

Name_____

Address_____

Contact_____

Membership date_____ Marital status _____ Wedding anniversary_____

Notes_____

_____

Name_____

Address_____

Contact_____

Membership date_____ Marital status _____ Wedding anniversary_____

Notes_____

_____

Name_____

Address_____

Contact_____

Membership date_____ Marital status _____ Wedding anniversary_____

Notes_____

_____

Name_____

Address_____

Contact_____

Membership date_____ Marital status _____ Wedding anniversary_____

Notes_____

_____

Name_____

Address_____

Contact_____

Membership date_____ Marital status _____ Wedding anniversary_____

Notes_____

_____

Name_____

Address_____

Contact_____

Membership date_____ Marital status _____ Wedding anniversary_____

Notes_____

Membership

Name _____

Address _____

Contact _____

Membership date _____   Marital status _____   Wedding anniversary _____

Notes _____

_____

Name _____

Address _____

Contact _____

Membership date _____   Marital status _____   Wedding anniversary _____

Notes _____

_____

Name _____

Address _____

Contact _____

Membership date _____   Marital status _____   Wedding anniversary _____

Notes _____

_____

Name _____

Address _____

Contact _____

Membership date _____   Marital status _____   Wedding anniversary _____

Notes _____

_____

Name _____

Address _____

Contact _____

Membership date _____   Marital status _____   Wedding anniversary _____

Notes _____

_____

Name _____

Address _____

Contact _____

Membership date _____   Marital status _____   Wedding anniversary _____

Notes _____

Membership

X

Name _____

Address _____

Contact _____

Membership date _____ Marital status _____ Wedding anniversary _____

Notes _____

_____

Name _____

Address _____

Contact _____

Membership date _____ Marital status _____ Wedding anniversary _____

Notes _____

_____

Name _____

Address _____

Contact _____

Membership date _____ Marital status _____ Wedding anniversary _____

Notes _____

_____

Name _____

Address _____

Contact _____

Membership date _____ Marital status _____ Wedding anniversary _____

Notes _____

_____

Name _____

Address _____

Contact _____

Membership date _____ Marital status _____ Wedding anniversary _____

Notes _____

_____

Name _____

Address _____

Contact _____

Membership date _____ Marital status _____ Wedding anniversary _____

Notes _____

Membership

Name_____

Address_____

Contact_____

Membership date_____   Marital status _____   Wedding anniversary_____

Notes_____

_____

Name_____

Address_____

Contact_____

Membership date_____   Marital status _____   Wedding anniversary_____

Notes_____

_____

Name_____

Address_____

Contact_____

Membership date_____   Marital status _____   Wedding anniversary_____

Notes_____

_____

Name_____

Address_____

Contact_____

Membership date_____   Marital status _____   Wedding anniversary_____

Notes_____

_____

Name_____

Address_____

Contact_____

Membership date_____   Marital status _____   Wedding anniversary_____

Notes_____

_____

Name_____

Address_____

Contact_____

Membership date_____   Marital status _____   Wedding anniversary_____

Notes_____

Membership

Y

Name_____
Address_____
Contact_____
Membership date_____   Marital status _____   Wedding anniversary_____
Notes_____

_____

Name_____
Address_____
Contact_____
Membership date_____   Marital status _____   Wedding anniversary_____
Notes_____

_____

Name_____
Address_____
Contact_____
Membership date_____   Marital status _____   Wedding anniversary_____
Notes_____

_____

Name_____
Address_____
Contact_____
Membership date_____   Marital status _____   Wedding anniversary_____
Notes_____

_____

Name_____
Address_____
Contact_____
Membership date_____   Marital status _____   Wedding anniversary_____
Notes_____

_____

Name_____
Address_____
Contact_____
Membership date_____   Marital status _____   Wedding anniversary_____
Notes_____

Membership

Name_____

Address_____

Contact_____

Membership date_____   Marital status _____   Wedding anniversary_____

Notes_____

Name_____

Address_____

Contact_____

Membership date_____   Marital status _____   Wedding anniversary_____

Notes_____

Name_____

Address_____

Contact_____

Membership date_____   Marital status _____   Wedding anniversary_____

Notes_____

Name_____

Address_____

Contact_____

Membership date_____   Marital status _____   Wedding anniversary_____

Notes_____

Name_____

Address_____

Contact_____

Membership date_____   Marital status _____   Wedding anniversary_____

Notes_____

Name_____

Address_____

Contact_____

Membership date_____   Marital status _____   Wedding anniversary_____

Notes_____

Z

Name_____
Address_____
Contact_____
Membership date_____   Marital status _____   Wedding anniversary_____
Notes_____

Name_____
Address_____
Contact_____
Membership date_____   Marital status _____   Wedding anniversary_____
Notes_____

Name_____
Address_____
Contact_____
Membership date_____   Marital status _____   Wedding anniversary_____
Notes_____

Name_____
Address_____
Contact_____
Membership date_____   Marital status _____   Wedding anniversary_____
Notes_____

Name_____
Address_____
Contact_____
Membership date_____   Marital status _____   Wedding anniversary_____
Notes_____

Name_____
Address_____
Contact_____
Membership date_____   Marital status _____   Wedding anniversary_____
Notes_____

Membership

$\boxed{Z}$

Name_____
Address_____
Contact_____
Membership date_____ Marital status _____ Wedding anniversary_____
Notes_____

_____

Name_____
Address_____
Contact_____
Membership date_____ Marital status _____ Wedding anniversary_____
Notes_____

_____

Name_____
Address_____
Contact_____
Membership date_____ Marital status _____ Wedding anniversary_____
Notes_____

_____

Name_____
Address_____
Contact_____
Membership date_____ Marital status _____ Wedding anniversary_____
Notes_____

_____

Name_____
Address_____
Contact_____
Membership date_____ Marital status _____ Wedding anniversary_____
Notes_____

_____

Name_____
Address_____
Contact_____
Membership date_____ Marital status _____ Wedding anniversary_____
Notes_____

Made in the USA
Coppell, TX
06 April 2022

76138911R00063